GUIA DE SUPERVIVENCIA DE CITAS EN LINEA

ADVERTENCIAS ÚTILES Y SUGERENCIAS PARA UNA EXPERIENCIA DE CITAS MEJORADA

Robert Garrish Mitchell

ONLINE
DATING

FRIENDSHIP
LOVE
AND
TRUTH.

DEDICACIÓN

**Este libro está dedicado a cada
hombre o mujer que está buscando una
relación honesta y comprometida.
Felicitaciones... porque eso día
llegará!!!**

ACKNOLAGEMAENT

Quiero agradecer a las siguientes personas que han mostrado amor incondicional y apoyo durante mi vida. Jesús, que es un amigo íntimo y me da paz y fuerza increíble. Mi madre, Kay, que ha hecho todo bien como una mamá... todo lo!!! Tony y Eddie,... deportes, apuestas, discusiones, risas y más. Patricia, la madre de mi hijo Rece. Aunque nuestras vidas iban en diferentes direcciones, ella sigue siendo una verdadera amiga. Y luego hay Rece, mis 12 Yo que ha hecho mi vida mejor. Estoy contento y feliz en gran parte por él. Quiero que los seis sepan que son amados apreciado y estoy agradecido de que han sido parte de mi vida.

Introducción

El mundo actual sobre las relaciones, la datación, la búsqueda de
un compañero, un compañero, la otra mitad, o el alma gemela es
más complicado que en cualquier momento de la historia.
Aproximadamente 66% de las relaciones en estos días
comienzan con citas en línea. La Academia Nacional de
Ciencias publicó un informe que indicaba que un tercio de los
matrimonios en América ahora comienzan en línea. Y la buena
noticia es que, en comparación con los matrimonios que
comenzaron a través de los lugares tradicionales fuera de línea,
eran un poco menos probabilidades de provocar la separación
matrimonial o el divorcio y se asociaron con una satisfacción
matrimonial ligeramente superior entre los que permanecieron
Casado. Las citas en línea han demostrado, por cualquier razón,
que muestren un éxito de relación a largo plazo ligeramente
mayor que las formas tradicionales de la reunión. Ese hecho

debe dar a una persona un poco de consuelo en saber las probabilidades están con ellos cuando citas en línea y buscando eventualmente casarse.

Es importante para cualquier hombre que quiera una relación comprometida tratar de entender lo que las mujeres de hoy están diciendo acerca de los hombres, y más importante lo que están diciendo que necesitan de los hombres. Los extractos contenidos dentro son tomados de los perfiles de sitio de citas en línea reales. Estos son los pensamientos, las necesidades, los deseos, las peticiones y las exigencias de las mujeres, al asumir la lucha de perseguir una nueva relación con los hombres de hoy. Algunos de estos pensamientos son ingeniosos, algunos sarcástico, algún medio y enojado, algunos pensamientos provocador y algunos simplemente triste

debido al daño involucrado. Pero todos son de gran importancia.
Los hombres necesitan darse cuenta de cuántas mujeres
sorprendentes están disponibles y buscan activamente una
relación comprometida. Hombres también necesitan llegar a la
comprensión de que han fallado a las mujeres en todos los
sentidos posibles cuando se trata de lo que una mujer quiere y
necesita de un hombre en una relación. 50% de los matrimonios
terminan hoy en Divorcio. Hay es un montón de culpa de ir por
ahí, pero llegando a un entendimiento de que las relaciones
toman el trabajo y Esfuerzo en un diario Base, ayudará a
mantener relaciones fuertes y matrimonios juntos.

Este libro fue escrito con el objetivo de advertir a la mujer del
tratamiento que son más propensos a experimentar cuando citas
en línea. También fue escrito para ayudar a iluminar a los
hombres a las expectativas, según lo expresado por la mujer, que
están listos para dar "él" y "hombres" otro tiro y lo que tomará

para ella estar contento. Así que por favor escuchen a los hombres, las mujeres están hablando. Todavía hay espacio para una mayor comprensión y mejora de cómo se ven las relaciones de hoy y lo que se necesita para que una buena relación funcione correctamente. Espero que este libro, de alguna manera, proporcione información útil para ayudar en su búsqueda de la felicidad.

Las mujeres son nuestras posesiones más preciadas. Son nuestras abuelas, madres, hermanas, tías, primos, hijas, colaboradores, vecinos y amigos. Entonces, ¿no deberían ser tratados como nuestras más preciadas posesiones? ¿Para apreciar, cuidar y proteger? Es obvio que los hombres de hoy necesitan un recordatorio de lo especial que es una mujer y empezar a tratarlos con el respeto que merecen y proporcionarles el amor que tantos buscan.

Cualquier macho puede estropear a una mujer con

cosas materialistas, pero el hombre correcto

estropeará a una mujer con

honestidad, lealtad, afecto, comunicación, escucha,
comprensión,

y a cambio, ella lo estropeará con felicidad.

-DESCONOCIDO

Sentí que era importante abrir con una breve historia sobre
Internet

Citas. Este fragmento y los que siguen son sólo un

pequeño ejemplo de lo que la mujer busca una relación

comprometida, Tengo que ir a través, y el tratamiento

duro que se ha soportado, tratando con los hombres

que se encuentran en cualquier sitio de citas en línea

dado. No importa qué sitio en línea es. No importa lo

que el sitio en línea se llama a sí mismo. Este es un

tratamiento común y, a menudo, la norma, cuando no

debe ser la forma en que las mujeres son tratadas en

cualquier momento. Pero esto también es una

advertencia para los hombres que sienten que pueden

desrespetar y tratar a la mujer sin embargo, ellos ven

en forma, porque la situación puede volverse

horriblemente mal para usted y no habrá nadie a quien

culpar sino sus propias maneras egoístas. Las

relaciones son serias negocio y debe ser tratada de esa

manera. Wyatt, de 26 años de edad y de Luisiana,

hablará por sí misma. Escucha.

Ella se describe a sí misma como "una buena persona,

astuto, le gusta la pesca, el aire libre y la vida silvestre

local, y es ambicioso" ella va a publicar, "bien chicos, esto

soy yo tocando. Realmente estaba saliendo de mi zona de

confort en aquí para encontrar LTR. (relación a largo plazo)

Puse una foto aquí y me acusaron de que no era yo. He

sido el cuerpo avergonzado por el peso y se ha hecho a la

grasa y se siente feo. No estoy haciendo más de lo que ya

he hecho por ustedes chicos. Los llamo chicos porque no

son hombres. ¡Ya basta! ¿Y pidiendo fotos desnudas a

tope? ¿Realmente? Porqué ¿no le preguntas a mi padre

esa pregunta? ¡ Porque él será el que te va a conocer
cuando creas que estás conociendo a alguien que
conociste aquí! Aquí hay muchos peces gato. Nada más
que alimentadores inferiores. Por lo tanto, les deseo a
todos bien en encontrar lo que usted está buscando. Y
deseo que esa persona especial te busque suerte también.
Así que, esto es bye... P.S. Dile a mi papá que dije "Hola"
cuando te reúnas con él. No lo vi venir. Tampoco el tipo
que no respetó y pidió fotos de desnudos de la hija de ese
caballero. Bueno, déjame hablar muy en serio por un
minuto. De ninguna manera aprobar violencia o represalias
o venganza de ningún tipo. Entonces te has convertido en
nada mejor que la persona que te lastimó.

Bueno, la historia lo tiene, que había un hombre en sus 20 años que desapareció después de aparentemente establecer una cita con una mujer que conoció en un sitio de citas en línea. Ven a descubrir que tenía la reputación de presentarse como alguien que no era.

Una investigación más tarde reveló que se reuniría con una mujer en los sitios web de citas y tenía poco si alguna preocupación por sus emociones y sentimientos, y terminó lastimando a muchas mujeres en el camino. Pido disculpas a todos, si esto suena gráfico, pero esto es la vida real y no hay otra manera de decirte lo serio y fuera de control de citas puede obtener. El brazo de una persona que se cree que es un macho fue encontrado a lo largo de la orilla de un

pantano de Luisiana. Las pruebas de ADN confirmaron que

era el restos del hombre desaparecido. Las autoridades

creen que había sido alimentado a la "fauna" local en esas

partes. Irónicamente, el hombre tenía un tatuaje de corazón

en su antebrazo. Aunque fue conocido por la señorita

Wyatt, no hay evidencia que sugiera que su padre estaba

involucrado, y el caso permanece abierto.

OK, eso era lo que yo esperaba sería el peor ejemplo en este

libro sobre salir en la dirección equivocada, y que otros extractos

no serían tan deprimentes. Ahora que escribo, estoy sintiendo

que va a haber un montón de dolor descrito, pero debido a este dolor, estas mujeres van a describir en detalle lo que se necesita

para ser un hombre que una mujer querría sostener a. Por lo

tanto, hay esperanza de que tal vez este libro, escrito a partir de

las palabras de las hembras se puede utilizar de varias maneras.

1. Muestre lo que la mujer puede esperar al reunirse hombres en línea. Y esto es lamentable, pero la verdad del asunto es que la mujer no cree que cualquier hombre que conozcas en un sitio de citas en línea te está diciendo la verdad. Sea esperanzador, pero aprensivo. Lo más probable es que va a ser mentido, manipulado, atado a lo largo, y trató de ser aprovechado. No te involucres demasiado temprano o arriesgas la posibilidad de hacerte daño.

   (Nota de autor/editor-mi sugerencia es lo que he acuñado la "regla del día 93". No tengo ninguna investigación o datos para hacer una copia de seguridad de mi "regla de día 93", pero sé que funciona. 3 meses, más unos días más, de conocer a alguien. Y todos somos adultos aquí así

*que hablemos como si creciéramos adultos. No se
intiman con ningún hombre por 93 días sin
importar qué. Si él todavía está alrededor después
de 93 días, usted puede tener a alguien que vale
su tiempo, atención y amor, lo más probable es
que los que no son para usted se habrá ido hace
mucho tiempo y espero que no disfrutar de un
almuerzo con un*

*Caimán de Louisiana. Usted será libre de continuar
su búsqueda, sentimientos intactos.)*

2.   Muestre lo que las mujeres están buscando en
los hombres. Hay un montón de hombres
fantásticos aquí, pero se pasan por alto porque
simplemente no saben lo que se necesita para
captar la atención de una hembra y conseguir
su interés.

¿Porqué? Porque simplemente no saben lo
que se necesita para captar la atención de
una hembra y hacerla interesarse. Así que,

cualquier hombre que busque una relación
comprometida, por favor preste atención y
tome notas. Parte del trabajo se hace por ti.
Algunos de los datos se han recopilado. El
plan está en las palabras de estas mujeres.
Escuche sus deseos, necesidades y anhelos.
Y hacer las cosas que satisfacen esos
deseos, necesidades, y deseos. Suficiente
Consejo. Sólo la opinión de un hombre. Si
estás leyendo esto, tengo plena confianza de
que puedes averiguar el tema común. Así
que, vamos a seguir adelante.

SI BUSCAS LA PERFECCIÓN,

USTED NUNCA ESTARÁ CONTENTO

-LEO TOLSTOY

Hay mucha verdad en ese dicho. ¿Tienes una imagen de

tu pareja ideal? ¿Está él o ella, ahí fuera y obtenible? ¿O

es su estándar tan alto o poco realista que nadie va a

hacer? Preguntas para contemplar.

TODAVÍA HAY U

MONTÓN DE BUENOS

HOMBRES Y BUENAS

MUJERES

DISPONIBLES,

PERO DESAFORTUNADAMENTE,
LA

GENTE SE HA VUELTO TAN
CANSADO

POR EL DOLOR QUE HAN

EXPERIMENTADO O VISTO

QUE NO PUEDEN RECONOCERLOS
CUANDO
ESTÁN BUSCANDO
JUSTO EN ELLOS.

-STEPHAN LABOSSIERE

Este fragmento es de la señorita Loving, 40ish. Ella abre su perfil

con estas palabras, y llega directamente al punto, "Estoy tan

sobre la B.S. (toros * * *)!!! Estoy enfermo y cansado de mentir

un * *, b * * * * a * * tíos mintiendo y engañando aquí. Si tienes

una chica, Dile al ¡Verdad! Si su situación es desordenada y

complicada, ¡ diga la verdad! ¡ Si tienes una Mamita, Dile la verdad! ¡ Si tienes un drama de bebé mama, Dile la verdad! Si

usted Livin" con tu mamá, Dile al ¡Verdad! ¡ Si se rompió, diga la

verdad! "¿No quieres ser respetado, aceptado y amado por

alguien que te ve por ti por lo que eres donde estás en la vida y

no alguna vida falsa que se compone que eventualmente va a

salir y arruinar todo?

Los hombres fueron hechos para proteger a la mujer, pero ahora

en esta sociedad todo lo que hacen es derribar a la mujer, jugar

juegos y romper sus corazones. Hay alguien específicamente

para ti, así que deja de salir en el mundo dañando a un puñado

de mujeres que nunca fueron destinadas a ser tuyas en primer

lugar. Después de todo lo que he experimentado y atestiguado,

----

----

soy ¡Estar harto! ¡ Sólo espero que alguien empiece a tratarme

mejor a mí y a mis hermanas! Una buena mujer merece un buen

hombre!!! Tráelo una rosa de tallo largo y tráelo como a una

dama. Trátame como quisieras que alguien tratara a tu madre,

hija, hermana o tía.

Todo tiene belleza,

Pero no todo el mundo lo ve.

-Confucio

Señorita RealNProper, 45

Por favor, no se ponga en contacto conmigo si sólo quiere

conectar, sin red Flix y relajarse. Espero encontrar a alguien

real. Y no estoy cayendo por elfakenigerianprincescheme.

Señoras, cuidado, vienen por ti. Y si tu vida es todo f * * * * *

arriba y tienes drama, por favor no me contacten. Por favor,

llévame a una cita civilizada donde podamos conversar en

público. El almuerzo o la cena serían geniales. Y entonces

tal vez podamos ir en un agradable paseo y hablar.

(Nota del autor/editor: Si empiezas a comunicarte con alguien de otro continente, que te prueben a ti mismo. Cuestiona todo. Insista en las llamadas por webcam. Que llamen usando Skype. Si son un hombre y necesitan su dinero por cualquier razón, esa es su bandera roja. Entonces necesitas parar y pensar las cosas. Muchas mujeres han caído víctimas de la triste historia de un hombre en Honduras, o Sudáfrica, que su esposa ha fallecido recientemente y su único hijo está en el hospital con alguna forma rara de cáncer. ¡ NO ENVÍES DINERO! Dile que tenga un amigo que establezca una cuenta de go Fund me. Tanto hombres como mujeres han sido estafados de miles de dólares al involucrarse con alguien que dice que están en el extranjero. Estas personas son muy buenas en lo que hacen y son muy convincentes.

Ejemplo perfecto... Conozco a un hombre que estaba en diálisis

por insuficiencia renal. No pudo trabajar y fue a tratamiento 3 días

a la semana. Rara vez se sentía bien y tenía una pequeña

cantidad de dinero puesto para satisfacer sus necesidades. Se

basó en los cheques de incapacidad para sobrevivir. También

vivió solo, y creo que es seguro asumir que acogió con agrado la

atención de una mujer que todas las cosas consideraban.

Conoció a una hembra en línea y en el transcurso de unas

semanas se las arregló para hacerle creer que era rica, que ella lo amaba y quería ayudar a cuidar de él, por lo que insistió en

poner dinero en su cuenta de cheques para ayudar con sus

necesidades financieras , así como, para poner dinero en la

compra de ropa y otras necesidades a su llegada de Polonia.

Confió en ella y le dio su información bancaria y se llevó todo lo

que tenía. Dejando su cuenta bancaria y el corazón roto.

Estas personas son de corazón frío y despiadados y no les

importa a quién están engañando y robando. Así que, ten

cuidado con una buena historia que involucre tus emociones!!!

No puedes depender de tus ojos

cuando su imaginación está fuera de foco

-MARK TWAIN

Señorita Givinup, 36

Soy sólo yo. Soy simple, nada lujoso. Me encantaría estar allí

para alguien a quien le gustaría que le cuiden o le guste una

mujer vieja y de moda. Me encantaría ser tu respaldo y tener tu

espalda. El que escucha cuando tienes un problema o algo para

resolver o escucha cuando te despoje de algo que te molesta, ser

el que te ama todos los días y te besa todos los días por el resto

de tu vida. Hay buena mujer por ahí que te quiere y será todo lo

que quieras en una mujer. O simplemente quieres dormir unos

con otros porque yo no soy el que duerme o enviar fotos

traviesas. Así que, si tienes modales de caballero, ni siquiera me

preguntes porque conozco mi valía. Tener un poco de respeto

por mí y por ti mismo. ¿Es esto lo que el padres de hoy han

enseñado a sus hijos? Tal vez si alguien desrespeta a su

hermanita y le pide fotos traviesas de ella, usted actuará bien o

se sentirá un poco diferente al respecto. Y ya sabes que soy una

chica grande. Una BBW, que en términos laicos, significa chica

gorda. Hace que las mujeres ya se sientan inseguras si no son

un tamaño 1, así que vamos a estar cómodos antes de que

desee una foto de cuerpo completo. Es como nosotros pidiendo

un d * * * PIC y comparando o juzgando y diciendo UH? Eww...

¡No!

(Nota del autor/editor: la palabra "FAT" es ampliamente utilizada y reconocida como un término derogatorio y se utiliza con mayor frecuencia para avergonzar y lastimar a la mujer. El término "FAT" nunca debe utilizarse para describir a una hembra sin importar su forma o tamaño)

"DATING" en el año 2018?

....

....

Seamos amigos, "sólo amigos". No estoy listo para
una relación comprometida, pero lo voy a
en ocasiones actúan como si estuvieran en una
relación comprometida, ignorando la confusión,
te causa, por lo que puedo egoíentemente hacer las
cosas con usted que sólo las personas
comprometidas
las relaciones, y las cosas "sólo amigos"
normalmente no lo hacen. No estamos juntos,
no puedo reclamarme, pero te exijo que
permanecieras leal a mí. No puedes estar con
nadie más que conmigo, porque quiero que creas
que estar con alguien más que yo, posiblemente
podría arruinar cualquier oportunidad que tengas
de estar en un relación comprometida conmigo.
Pero voy a hacer lo que quiero, con lo que quiero, y
cuando quiero, y cuando usted se lastima y
enojado, yo le recordará que somos "sólo amigos".
Si empiezas a tener sentimientos porque estoy
actuando como si estuvieran en una relación, voy a
despedir sus sentimientos como no es importante y

decirle, "usted sabe lo que esto era... Te lo dije, no
estoy listo para una relación "y actuaré como si
fueras el uno en THe mal y lo voy a

se vuelven distantes. Hasta que me quede solo o aburrido o
rechazado y me pondremos en contacto contigo. Le diré
Te extraño. Causándole más confusión, pero no
importará en ese momento porque
ser feliz estoy de vuelta. Usted me perdonará,
aunque no me sentiría como si tuviera que ser
perdonado por algo, usted conseguirá sus
esperanzas para arriba, y por un breve periodo de
tiempo, yo puede actuar como estamos en una
relación comprometida, pero por favor, recuerde
por favor, somos "apenas
amigos "!!!

-desconocido

Señorita Tosweettobesour, 44, chatear con lo que parece ser un
realmente a la tierra, respetuoso, agradable, hombre inteligente
en un sitio de citas en línea:

Señorita Tosweettobesour:
Señor B. Wise

¿Puedo mostrarte algo?

Seguro

Creo que esta es una foto de una mujer pretendiendo ser
un hombre

Espero que no sea una pregunta

Ella me golpeó diciendo, ¿es blanca para mí?

Dije que no, no tengo un problema de color,

Sólo creo que eres una chica. ¿¿¿Qué te parece???

Honestamente, mira los hombros y el pecho.

¿Te refieres a hombros y pecho?

La imagen es un poco femenina.

¿De verdad preguntes si era una hembra?

No seas tan sospechoso

Estoy diciendo que el macho es un macho, no una hembra

OMG! ¿Realmente? Sí, pregunté, y dijo que estaba

Lmfao Cariño, yo Tengo que ser sospechoso. He visto mucho y

escuchado demasiado en estos sitios. Tengo que estar siempre

de pie, si me entiendes.

Tal vez sea un buen tipo.

No se ofendió por ti.

acusándole de ser un

Chica. Incluso LMFAO

Ni una palabra desde!!!

Nunca sabremos si el guapo, um... persona guapa en la

foto era un macho o una hembra. Pasando por las

experiencias comunes de la mayoría de las mujeres en

sitios web de citas, Si se trataba de un macho, las

probabilidades son más probables que no, que una

imagen de p * * * * habría llegado pronto, y la pregunta

habría sido contestada. ¿Tengo razón, señoritas? Pero

como una foto de p * * * * no apareció, sólo nos deja

maravillarnos. ¿Hombre o mujer?

No es que no juegue bien con los demás...

Es que simplemente no

juego bien con

mentirosos, tramposos,

usuarios, falsificaciones,

jugadores,

----

*y un * * agujeros*

-desconocido

*(Nota de autor/editor-sólo un recordatorio amistoso a las señoras utilizando citas en línea... la mayoría de, los hombres en los sitios web de citas son mentirosos, tramposos, usuarios, falsificaciones, jugadores, y un * * agujeros. Esto se aplica solamente a los descritos por estas señoras, experiencias personales. A cualquier hombre que lea esto, por favor no se ofenda. Esos términos no se aplican a todos los hombres. Se aplican a aquellos que son mentirosos, tramposos, usuarios, falsificaciones, jugadores, y un * * agujeros. Ellos saben quiénes son.)*

Como usted probablemente ha notado por ahora, he decidido

incluir una mano llena de "dichos" que las mujeres han incluido como parte de su Perfiles. Parece que todos estos "dichos"

tienen un sentido de la verdad para ellos.

Un hombre que está realmente interesado

en una mujer encontrará un número

interminable de razones por qué debe

verla. Un hombre que no está realmente

interesado en una mujer encontrarán un

....

....

sinfín de excusas por las que no puede

verla.

-desconocido

Recordatorio amistoso... este es el <u>Supervivencia de citas en línea Guía</u>... y

Las cosas no siempre son
como parecen

-PHAEDRUS

Y algunas veces las cosas son exactamente como

parecen. Si se ve como un jugador, habla como un

jugador, y camina como un jugador. Es un jugador. Y

señoras esta es la parte más importante de la

información que puede obtener.

Las palabras no significan nada en una relación si no

coinciden con las acciones de un hombre. Las

acciones son el aspecto más importante de una

relación. ¿Un hombre y sus acciones coinciden con

sus palabras?

*Las acciones hablan más fuerte
que las palabras: y es verdad...*

-ABRAHAM LINCOLN

Y otra cotización que se debe aplicar a las citas en línea...

NO TOME NADA EN SU ASPECTO;

TOMAR TODO EN

EVIDENCIA.

NO HAY UNA REGLA
MEJOR.

-CHARLES DICKENS

Permítanme recordarle a cualquiera que esté leyendo esto y

sintiendo algún tipo de manera.

**Hay tanta vida para disfrutar y tanta vida
que esperamos en previsión de tanto
Felicidad. Ese pensamiento solo debería traer
tanta emoción!!!**

-SIR B. WISE

Señorita HePostedaFakePicture Smh...

¿Pensaste que no podía decir que la foto que habías publicado

no era tú cuando finalmente nos conocimos? Ni siquiera cerca.

Mi querido señor!!! Era una persona completamente diferente.

Color de pelo diferente. Una estructura diferente. Altura

diferente. Diferente color de ojos. ¿Raza diferente? ¡ Era una

raza diferente! No eres afroamericano con el pelo negro y los

ojos avellana. Eres Latino, con cabello castaño y ojos

marrones. Decir que se oscurece durante los meses de verano

casi me engañó. LMAO!! ¿También se encoge de 6 pies de

alto, a 5 pies 9 pulgadas durante los meses de verano? Casi

me tenía allí también!! Me en realidad como la falsa.

Recomiendo encarecidamente a cualquiera que tenga en

cuenta citas en línea... ¡¡¡Webcam!!! Esto puede ser un

ejemplo extremo, pero la gente hace fotos falsas de otros

individuos que se asemejan ligeramente a sí mismos y

realmente seguir a través de reunirse, sólo para estar expuesto

y la otra persona se queda preguntándose... wtf... realmente?

Así que ten en cuenta que estos impostores son reales y no

tienen ningún problema actuando como si fueran alguien

completamente diferente, hasta su apariencia. Hago referencia

a esta situación porque deja una preguntando lo que el motivo

está detrás de la engaño por favor Ten cuidado. Las citas en

línea toman muchas formas. Como se mencionó antes, las

cosas no siempre son como parecen. Lo que me lleva a mi

propia experiencia personal. Siento que debo compartir. Algún

tiempo atrás cuando yo estaba activamente citas en línea,

conocí a una mujer muy, dulce que era un maestro de

preescolar. Ella me dijo, cuidando de niños pre-K eran su

vocación y ella lo había hecho su profesión de la vida por más

de 25 años. Ella era 45 yR. y tenía una manera suave,

inocente, infantil acerca de ella. Podría decir que ella era

probablemente excelente en el cuidado de esos niños, recién

nacidos a los niños pequeños, edades 0-5 yr. Pronto descubrí

que ella también era demasiado confiada. Pero no hay nada

de malo en eso. Una persona debe ser capaz de confiar hasta

que se rompa esa confianza. Online citas es muy diferente, y

la confianza no debe aplicarse. El problema es que algunas

personas no son de confianza. Bueno... conoce a un hombre

en línea. Se familiarizan entre sí durante el lapso de unas

pocas semanas y se siente lo suficientemente cómoda como

para establecer una cita. Ella le permite recogerla en su casa

que comparte con su hermana. Están de acuerdo en ir al

centro comercial local para comida en el patio de comidas y

para caminar y hablar para llegar a conocer mejor. Ella dijo

que a medida que iban de la tienda a la tienda de navegación y

hablar, que estaba recibiendo "delicado Feely" que la hizo

incómoda y ella comenzó a buscar una buena manera de

terminar la fecha y volver a casa. Una vez en el coche, le dijo

que iba a llevarla a un hotel con él porque sentía que parecía

que se llevan bien y lo haría gusta tener sexo con ella. Ella le dijo, "no", que ella dijo que enfureció. En este punto ella dijo

que estaba asustada por su vida, sin saber lo que esta

persona era capaz deBUT ella permaneció tranquila y educada

y logró hablar con él para llevarla a casa. Una vez allí, la

acompañó hasta la puerta y trató de obligarla a besarlo.

Cuando se resistió y se negó, la pateó en el estómago y la

golpeó en la cara causando un ojo negro, vasos sanguíneos

rotos, y un labio hinchado. Ella piensa que si su hermana no

hubiera venido a la puerta después de escuchar a su hermana

pidiendo ayuda, puede que haya intentado seguir golpeándola

o peor. Camina lentamente a su coche y se va. Recuerde que

este es un maestro de preescolar y una de las personas más

amables que he Conocido UnND este monstruo no tenía

ningún problema agredir a ella en su paso de la puerta

principal. Se vuelve aún más increíble y aterrador. Ella toma

su número de matrícula y llama a la policía. Ella les da tanta

información como sea posible sobre este hombre. Me dijo que

no había nadie con ese nombre en el Banco de la policía y que

el auto que la recogió fue robado.

Después de todo eso, ¿crees que me dejó recogerla para salir?

Dijo que pensó que no había manera de que pudiera suceder dos

veces. Ella estaba en compañía de un individuo malvado esa

noche (él, no yo) y agradezco a Dios que no resultó con su ser

Golpeado, violadas o asesinadas. Ella fue una de las razones por

las que decidí escribir este libro, porque los peligros son muy reales y deben ser tomado muy en serio. Por favor, no pienses

eso, este tipo de ataques, no puede suceder a usted porque

puede.

NO HAY CONTABILIDAD

PARA LOS SERES HUMANOS

-MARK TWAIN

No estoy seguro exactamente lo que eso significa, pero

parece que se aplica aquí.

Se sentía como si fuera tiempo para algunos pensamientos

positivos acerca de citas en línea. Puede funcionar para

cualquier persona que desee utilizar este enchufe para

conocer gente si usted mantiene una mente abierta con

respecto a las personas que usted conoce. Por eso quiero

decir, dar a una persona una oportunidad que llega a ponerse

en contacto con usted. Responda a cada mensaje incluso si

no está interesado, como un espectáculo de respeto y

cortesía. Lo que hace que cualquiera de nosotros piense que

somos tan especiales, que la gente no está alineada para

reunirse con nosotros.

Aunque somos especiales, no somos más especiales que el

que se arriesgarse a llegar a nosotros. Obviamente ven algo

en nosotros que les hizo querer comunicarse con nosotros.

Que debe ser halagado que fuiste elegido. Es un riesgo para

tomar esa oportunidad. Ninguna respuesta deja a una

persona con una sensación de rechazo y a su vez se percibe

como demasiado bueno para decir, "gracias por decir hola." El

"que usted está buscando puede haber encontrado usted y

usted estaba demasiado ocupado o hizo un juicio rápido sobre

esa persona sin realmente averiguar lo que esa persona era

todo. Así que, sigues buscando "el uno", cuando todo lo largo

de "el" acaba de encontrar. La realidad es que si fuéramos tan

especiales, ¿por qué seguimos buscando a esa persona

especial? ¿Y por qué todavía tenemos una cuenta en un sitio

de citas en línea? Sólo algunas preguntas para meditar.

Conozco a cada uno, y cada uno de nosotros tiene

maravillosas cualidades sobre nosotros. Si podemos

conseguir pasado centrándose en cualidades que no nos

gusta y empezar a centrarse en las otras cualidades

sorprendentes sobre una persona, creo que más de nos

encontrarían esa persona que tan desesperadamente

estamos buscando una han estado soñando, yo incluido. Si

deseo por la amistad y el amor que es incondicional, espero y

rezo para que pueda dar amistad y amor que es incondicional

a cambio. Eso sólo puede ser todo lo que se necesita para

tener la relación que algunos de nosotros anhelan. He

compilado una lista, recopilada de los perfiles de citas de las

mujeres, indicando las cualidades de relación que desean

tener un hombre. Estas mujeres representan diferentes razas,

edades y orígenes. Algunos son los rasgos de personalidad

deseados que las mujeres esperan encontrar en un hombre

mientras están en una relación. Algunas son cosas que las

mujeres desean hacer con los hombres mientras están en las

relaciones. Y algunos son rasgos que una mujer espera que

no encuentre en el hombre que está buscando una relación

con, o en un hombre que está buscando una relación con ella.

A todos los hombres que están tratando de encontrar una

relación de citas en línea y se preguntan qué es lo que hará

que una mujer interesada y en última instancia el contenido en

----

----

una relación. Lea esta lista e intente satisfacer estas

necesidades y deseos. Asumo que un hombre que tiene

muchas de estas cualidades de relación no le será difícil

encontrar una mujer que quiera estar en una relación con un

hombre que tiene esas cualidades. Estos rasgos son

básicamente, los signos de una persona decente y cualidades

que todos debemos esforzarnos por si estamos saliendo en

línea o no. ¿Es pedir demasiado para dar amistad, lealtad y

verdad a la persona Que Eres queriendo dar Su cuerpo,

mente y alma?   En pocas pocas, una mujer quiere a un

hombre que:

... tiene una devoción amorosa a su

... tiene un comportamiento honesto y reflexivo

Una mujer quiere a un hombre que:

... es generoso

... es respetuoso del tiempo que comparten juntos

... es respetuoso de su trabajo

... es respetuoso de sus amigos

... es respetuoso de su familia y su convivencia

... está en un estado de "nosotros" de la mente y el corazón.

... muestra su compromiso con ella en cada situación

... muestra orgullo de estar en una relación con ella y la llama, su "dama"

... muestra el poder de "nosotros" sobre cualquier persona o cualquier otra cosa

... es honesto sobre su paradero

Una mujer quiere a un hombre que:

... dice que "se deslizó", independientemente de la situación, si he "se deslizó"

... le da placer

... proporciona sexo satisfactorio, ya sea romántico o salvaje y loco

... contesta sus textos, mensajes telefónicos y correos electrónicos

... muestra aprecio por su

... le dice lo que quiere o necesita

... tiene una actitud positiva

... se da cuenta de que habrá altibajos

... negocie diferencias, en lugar de discutir y luchar

... la hace sentir que encuentra su atractivo

Una mujer quiere a un hombre que:

... la hace sentir que ella sigue siendo ideal para él

... la hace sentir que está contento en la relación

... la hace sentir que ella es "la única"

... es más poderosa que ella, pero no necesita
demostrarlo

... la hace feliz

... es ambicioso

... está listo para manejar situaciones difíciles con inteligencia y fuerza

... es leal a su

... es financieramente estable

... es un proveedor

... es un protector

Una mujer quiere a un hombre que:

... compra sus flores y pequeños regalos inesperados

... comparte sus contraseñas

... permite su acceso telefónico

... permite su acceso al correo electrónico

... permite su acceso de contacto

... está atento a sus necesidades

... escucha

... acepta su opinión como valiosa

... trata su derecho

... pide que sostenga su mano

... la abraza por detrás

....

....

Una mujer quiere a un hombre que:

... saca la silla para su

... sostiene la puerta para su

... ofrece su chaqueta cuando está fría

... no levanta su voz ni la intimidan

... es un hombre piadoso

... no besa y dice

... sale en una cita normal con su

... tiene conversaciones épicas con su

... es su mejor amiga

... es su pareja en el crimen

... pone el asiento hacia abajo cuando se hace

Una mujer quiere a un hombre que:

... le da una segunda oportunidad

... pide perdón

... da perdón

... Cuddles

... es suyo solamente

... adora su

... confía en ella

... es digno de confianza

... la Pampers con amor y afecto

... complementa su

... la hace sentir sexy

Una mujer quiere a un hombre que:

... la hace sentir hermosa

... apoya a su

... la consuela

... le encanta

... abraza su

... la sorprende con flores (escogidas a mano están
bien)

... textos "Buenos días"

... textos "buenas noches"

... textos "Estoy pensando en ti"

... aparece con una barra de caramelo de $1 y dice "te
quiero"

Una mujer quiere a un hombre que:

... es un modelo a seguir

... acepta a sus hijos como su propio

... es confiable

... es un buen padre

... es alguien con quien puede contar, sin importar la situación

... tiene una alta moral

... es humilde

... es educado

... gracias a la gente

... ayuda a los que necesitan ayuda

... respeta a otros que son diferentes de él

Una mujer quiere a un hombre que:

... le hace su prioridad

... tiene una buena relación con sus padres

... se ríe de sus chistes

... sonríe a menudo

... compra su comida que le gusta

... le dice que es atractiva

... hace que sus comidas a menudo

... la consuela cuando está molesta

... arregla cosas para ella

... lava su coche

... comprueba el aire en sus llantas

Una mujer quiere a un hombre que:

... pone gasolina en el coche para su

... siempre se ofrece a pagar

... tiene un trabajo

... tiene su propio coche

... no vive con su madre

... tiene su propio lugar

... le llama un nombre de mascota, para su única

... hace planes sociales para "ellos"

... recuerda los detalles personales de su vida

... hace que la cama

... ayuda con la limpieza

Una mujer quiere a un hombre que:

... siempre saca la basura

... insiste en las noches de citas regulares

... se educa

... van a acampar o al gimnasio juntos

... es optimista

... es creativo

... es sociable

... es paciente

... se impulsa

... es divertido amar

... es saliente

....

....

Una mujer quiere a un hombre que:

... es un pensador

... es un tomador de riesgos

... es un placer para la gente

... evita conflictos

... es justo

... es amable

... es simpático

... es hábil

... es auténtica

... es realista

... es un solucionador de problemas

Una mujer quiere a un hombre que:

... es grave cuando es necesario

... está organizada

... es sensible

... está en buena salud

... es independiente

... busca la armonía con los demás

... es valiente

... es juguetón

... es aventurera

... hace las cosas divertidas

... es alentador

....

....

Una mujer quiere a un hombre que:

... es considerado

... toma decisiones que se sienten bien

... está preparada

... distingue el derecho del mal

... es exitoso

... es artístico

... la saca para una "cena elegante" en un traje y
corbata

... va en un paseo de la naturaleza con su

... le da un masaje corporal completo después de un
largo día de trabajo

... luces Velas, apaga el televisor y el ordenador y el
teléfono y habla

Una mujer quiere a un hombre que:

... va en un largo viaje en coche fuera de la ciudad,
mientras escucha su música favorita

... observará un amanecer en la playa con su

... observará una puesta de sol en la playa con su

... no es fácilmente celoso

... es útil

... es de buen temperamento

... no es obstinado

... es valiente

... evita ser grosero

... no es perezoso

Una mujer quiere a un hombre que:

... es un trabajo duro

... es aventurera

... es audaz

... no es mandona

... es encantador

... es emocionante

... es enérgico

... es un luchador y amante

... es amigable

... es gentil

Una mujer quiere a un hombre que:

Así que, ahí lo tenemos. Espero, después de leer esto

<u>GUÍA DE SUPERVIVENCIA DE CITAS EN LÍNEA,</u> que vienes

lejos sintiéndose más informados de las actividades que

comúnmente se llevan a cabo en estos sitios de citas en

línea. Este conocimiento con suerte le ayudará a

protegerse de las estafas y actuar como un recordatorio

de la posible_peligros que uno puede enfrentar cuando

citas en línea. También espero que las mujeres que_han

leído este_Guía de recursos tienen una mejor

comprensión del tipo de hombres_que casi sin duda se

encontrarán cuando citas en línea. Y_aún más_es

importante, espero que los hombres que leen este

recurso_Guía vienen con un_comprensión clara de qué

cualidades_las mujeres de hoy quieren y esperan de los

hombres que son_intentando hasta la fecha y

posiblemente casarse en el futuro. Esto es_sólo un_lista

corta de cómo las mujeres dicen que les gustaría ser

tratados cuando en_una relación y sólo unas cuantas

cosas que dicen que les gustaría hacer juntos mientras

están en una relación.

Al menos, da a los hombres áreas en las que

centrarse y trabajar para ayudar a mejorar las

relaciones que están en o con la esperanza de

encontrar. Si nosotros, como hombres, escuchamos a

la mujer y hacemos un esfuerzo desinteresado para

satisfacer las necesidades y quiere como se

expresan, creo que es seguro suponer que habrá un

mayor aprecio por los demás, un vínculo más fuerte

entre las parejas, y una experiencia de relación

mucho más agradable.

....

....

**Las canciones más fuertes y
dulces, sin embargo,
permanecen para ser cantadas**

-WALT WHITMAN

....

....

73